Inhalt

Richtig Delegieren - Motivation der Mitarbeiter

Kernthesen

Beitrag

Fallbeispiele

Weiterführende Literatur

Impressum

Richtig Delegieren - Motivation der Mitarbeiter

M.Reiner

Kernthesen

- Viele Führungskräfte meiden aufgrund schlechter Erfahrungen das Delegieren von Aufgaben und scheuen sich aus Angst vor Macht- und Kontrollverlust Aufträge an ihre Mitarbeiter zu übertragen.
- Dabei liegt es in vielen Fällen nicht am Mitarbeiter selbst, wenn die delegierten Aufgaben mangelhaft erledigt werden, sondern an der unzureichenden Delegationskompetenz der Führungskräfte.
- Wer sinnvoll delegieren kann, motiviert seine Mitarbeiter und spornt sie zu

Höchstleistungen an. Vorgesetzte schaffen sich so außerdem wichtige Freiräume für Führungsaufgaben und fördern ihre Karriere.

Beitrag

Das Bild vom motivierten Mitarbeiter ist fix in den Köpfen der Unternehmer verankert: Er soll selbständig arbeiten, möglichst viele Arbeiten übernehmen und die Führungskräfte entlasten, damit sich diese unternehmerischen Zielen und Strategien widmen können. Doch was so einfach klingt, scheitert oft an der Umsetzung. Denn viele Führungskräfte scheuen sich, Arbeiten zu delegieren und die Mitarbeiter durch Kompetenzübertragung zu Höchstleistungen zu animieren.

Schlechte Noten für Vorgesetzte

Obwohl laut einer Studie des Personaldienstleisters Kelly Service anhand von 70 000 Angestellten in 28 Ländern rund 63 Prozent der deutschen Angestellten mit ihrer momentanen Arbeit zufrieden sind, erhalten ihre Vorgesetzten von zehn möglichen Pluspunkten durchschnittlich nur 6,2. Am schlechtesten schneiden

Führungskräfte im Saarland ab, am besten die Bremer. Bemängelt werden vor allem die Führungsqualitäten (5,7 Punkte), Teamgeist (6 Punkte) und die Fähigkeit zu Kommunizieren und zu Delegieren (6,1 Punkte). (1)

Motivation durch Delegation

Delegation ist eine praktische Maßnahme, mit der Führungskräfte Arbeitsabläufe strukturieren und koordinieren. Sie ist hierarchiestabilisierend und steckt Kompetenzen und Befugnisse klar ab. Führungskräfte, die es verstehen, ihren Mitarbeitern Aufgaben verständlich und zielweisend zu übertragen, profitieren auf breiter Basis. Nicht nur, dass die Mitarbeiter sich ernst genommen fühlen. Auch die damit einhergehende Entscheidungsbefugnis fördert die Identifikation mit der Aufgabe, wirkt motivierend und leistungsanregend.

Werden Mitarbeiter im Rahmen ihrer Kompetenzen gefördert und gefordert, trauen sie sich langfristig an anspruchsvollere Aufgaben heran und können mit ihnen wachsen.
Selbst Mitarbeiter, die innerlich bereits gekündigt haben, können durch eine sinnvolle Delegation

motiviert werden und zu neuem Spaß an der Arbeit finden. (2), (3)

Leicht gesagt, schwer getan

Obwohl das Delegieren zum Arbeitsalltag eines jeden Vorgesetzten gehört, scheitern viele an dieser scheinbar leichten Aufgabe. Nicht selten ist es die Angst vor Machtverlust und die Befürchtung, die Kontrolle über die Aufgabe und den Mitarbeiter zu verlieren. In vielen Fällen ist es jedoch trotz guten Willens die Delegation selbst, die mangelhaft durchgeführt wird und den Mitarbeiter und damit auch die Führungskraft zum Misserfolg verurteilt.

Kriterien für eine gute Delegation

Fördern, nicht überfordern

Führungskräfte müssen den Reifegrad ihrer Mitarbeiter richtig einschätzen, um angemessen delegieren und motivieren zu können. Wird ein Mitarbeiter unterfordert, gehen wertvolle Ressource verloren und die Arbeit wird als stumpfsinnig und langweilig empfunden. Überfordert die Aufgabe den Mitarbeiter, kann er die gesetzten Ziele nicht erreichen, er wird demotiviert und frustriert. (3), (5)

Konkrete Weisungen

Damit die Mitarbeiter die Leistungen erbringen können, die von ihnen verlangt werden, müssen sie die Anforderungen kennen, die an sie gestellt werden. Die Aufgaben müssen klar umrissen werden. Der Mitarbeiter muss wissen, was er bis wann in welcher Qualität zu erledigen hat. Er braucht außerdem alle notwendigen Hintergrundinformationen. Bei langwierigen Projekten ist es sinnvoll, Zwischenziele zu vereinbaren.

Damit keine wesentlichen Aspekte verloren gehen, empfiehlt es sich, die Informationen schriftlich zu übergeben.
Als praktikabel hat es sich außerdem erwiesen, den Mitarbeiter die Aufgabenstellung mit eigenen Worten wiederholen zu lassen. So kann schnell überprüft werden, ob die wichtigsten Informationen bei ihm angekommen sind. (2), (4)

Entscheidungen akzeptieren

Delegiert ein Chef einem Mitarbeiter Aufgaben, muss er die Entscheidungen des Mitarbeiters mittragen und akzeptieren - auch wenn er selbst einen anderen Lösungsweg eingeschlagen hätte. Kritik zur Vorgehensweise ist nur dann angebracht, wenn sie das Ergebnis beeinflusst. Aber auch hier gibt es Regeln zu beachten. Denn konstruktive Kritik will gelernt sein. (3), (4)

Balance zwischen Vertrauen und Kontrolle

Beim Delegieren kommt es auf die richtige Balance zwischen Vertrauen und Kontrolle an. Wird zu sehr kontrolliert, fühlt sich der Mitarbeiter eingeschränkt und die Eigeninitiative und Tatkraft, die durch die Delegation gefördert werden sollen, werden beschnitten. Anderseits muss die Kontrolle gewährleisten, dass die Aufgaben zufriedenstellend erfüllt werden. (3)

Fallbeispiele

Delegieren will gelernt sein. Welche Fehler man vermeiden sollte und welche Vorteile die Delegation bringt, hat Geert Schmelzer für Die Bank eruiert. (2)

Typische Fehler:
-Aufgaben und Zuständigkeiten werden nicht eindeutig definiert
-Der Mitarbeiter erhält die Aufgabe, aber nicht die Kompetenz und Verantwortung
-Der Mitarbeiter verfügt nicht über eine entsprechende fachliche Kompetenz
-Die Führungskraft agiert unter Zeitdruck
-Angst der Führungskraft vor dem Kompetenzaufbau beim Mitarbeiter
-Rückdelegation durch den Mitarbeiter

Vorteile der Delegation:
-Erzielen besserer Arbeitsergebnisse
-Mehr Zeit für das Wesentliche
-Fördern und Motivieren von Mitarbeitern
-Anerkennung als Führungsperson
-Geringerer Stress

Motivation ist nicht gleich Motivation. Was den einen zu Höchstleistungen anspornt, ist für den anderen Frustration pur. Um herauszufinden, welche

Motivatoren für den einzelnen Mitarbeiter die richtigen sind, hilft das LAB- (Language- und Behaviour)-Profil. Das Profil besteht aus zwölf Fragen, die eine Führungskraft im Gespräch mit dem Mitarbeiter einfließen lassen kann. Das Augenmerk wird darauf gerichtet, wie die Mitarbeiter antworten statt worüber sie sprechen. Geeignet sind beispielsweise folgende Fragen:
- Bewegt sich der Mitarbeiter auf Ziele zu oder von Problemen fort, die gelöst werden müssen?
- Was bewegt ihn zum handeln?
- Ist er extern oder intern orientiert? D.h. Findet der Mitarbeiter seine Motivation in externen Quellen oder motiviert er sich aus sich heraus anhand innerer Maßstäbe?
- Folgt der Mitarbeiter lieber etablierten Mustern oder ist er kreativ und sucht nach neuen Lösungsansätzen?

Anhand dieser Fragen können die Mitarbeiter bestimmten Typen zugeordnet und so die Anforderungsprofile mit den Mitarbeiterpotenzialen synchronisiert werden. (6)

Auch in ärztlichen Praxen hat sich Delegation als Motivationsinstrument bewiesen. Durch das eigenverantwortliche Arbeiten steigert die Praxisleitung das Selbstwertgefühl und die Kreativität ihrer Beschäftigten. Bestenfalls werden die Verantwortungsbereiche schon in der schriftlichen Stellenbeschreibung angekündigt. Solange der delegierte Handlungsspielraum funktioniert, sollte die Praxisleitung nicht eingreifen. (7).

Wie kritisiere ich meine Mitarbeiter? Sind Führungskräfte unzufrieden mit den Leistungen ihrer Mitarbeiter, obwohl sie gezielt und deutlich delegiert haben, hilft nur ein klärendes Gespräch. 6 Punkte, die zu beachten sind und auch in kniffeligen Situationen helfen können, fasst Roland Jäger in seinem Artikel Klartext reden zusammen. (4)

Weiterführende Literatur

(1) FÜHRUNG Deutsche Chefs loben ihre Angestellten zu wenig
aus Consultant, Vol. 9, Heft 01/2007, S. 24

(2) Von der Kunst, loslassen zu können
aus Die Bank, Heft 02/2007, S. 80-81

(3) Die Balance zwischen Vertrauen und Kontrolle finden
aus Die Bank, Heft 02/2007, S. 82-83

(4) Mitarbeitern charmant auf die Füße treten - Klartext reden
aus Arbeit und Arbeitsrecht, Heft 3/2007, S. 168-169

(5) Glöckner, Thomas / Kietzmann, Matthias / Matthes, Nadja / Schuster, Jochen / Schwab, Fritz, Von der Kunst, ein guter Chef zu sein, Focus, Ausgabe 05 vom 29.1.2007, Seite 108ff.
aus Arbeit und Arbeitsrecht, Heft 3/2007, S. 168-169

(6) - FüHRUNGSSTRATEGIEN<P> Mitarbeiter individuell motivieren
aus Elektronikpraxis Nr. 21 vom 08.11.2006 Seite 200

(7) Praxiserfolg - ohne motivierte Mitarbeiterinnen geht's nicht
aus Ärzte Zeitung Nr. 229 vom 19.12.2006, Seite 13

Impressum

Richtig Delegieren - Motivation der Mitarbeiter

Bibliografische Information der deutschen Nationalbibliothek

Die Deutsche Nationalbibliothek verzeichnet diese Publikation in der deutschen Nationalbibliografie; detaillierte bibliografische Daten sind im Internet über http://dnb.d-nb.de abrufbar.

ISBN: 978-3-7379-0914-3

© 2015 GBI-Genios Deutsche Wirtschaftsdatenbank GmbH, Freischützstraße 96, 81927 München, www.genios.de

Alle Rechte vorbehalten. Dieses Werk ist einschließlich aller seiner Teile – z.B. Texte, Tabellen und Grafiken - urheberrechtlich geschützt. Jede Verwertung außerhalb der Grenzen des Urheberrechtsgesetzes bedarf der vorherigen Zustimmung des Verlags. Dies gilt insbesondere auch für auszugsweise Nachdrucke, fotomechanische Vervielfältigungen (Fotokopie/Mikroskopie), Übersetzungen, Auswertungen durch Datenbanken oder ähnliche Einrichtungen und die Einspeicherung und Verarbeitung in elektronischen Systemen.